Fritz Müller *Herr, mein Gott*

Fritz Müller

Herr, mein Gott

Gespräche
mit dem Schöpfer

Diakonie-Verlag

Irgendwann

entdeckte ich die Bäume –
wie vielgestaltig sie gewachsen:
Welche Formen – welche Strukturen!

Irgendwann

begann ich Bäume zu verstehen,
mich in sie hineinzudenken.

Irgendwann

begriff ich, jeder Baum ist
in diese Welt gestellt – wie ich –
und mit dem Schöpfer im Gespräch.

Fritz Müller

Herr, mein Gott,

ich bin glücklich,
in der Gemeinschaft
mit anderen Dich
zu loben.

Wir werden durchflutet von Deinem Licht, benetzt
mit Regen, und holen uns aus der Tiefe Nahrung
zum Leben.
Du gibst uns Halt, daß wir beieinander
stehen können. Herr, ich danke Dir,
daß ich in dieser Gemeinschaft leben kann,
obwohl es nicht einfach ist,
für die eigenen Zweige Freiräume zu finden,
ohne dem anderen ins Geäst zu kommen.
Schicke uns wieder den leichten Wind!
Wir wollen mit unseren Zweigen
Dir ein Loblied singen.

Siehe, wie fein und lieblich ist's, wenn Brüder
einträchtig beieinander wohnen! *Psalm 133, 1*

Herr, mein Gott,

es ist doch
nicht normal, daß
ich so aussehe.

Jahraus, jahrein muß ich nun mit dieser Behinderung leben. Es gelingt mir nicht, sie zu verdecken. Menschen begaffen mich, amüsieren sich über meine komische Gestalt und finden es unnormal, daß ich noch grüne Blätter treibe, jedes Frühjahr wieder neu. Sollte es sein, daß Du mich so haben willst, damit ich Schutz biete all den Tieren, die in meinem hohlen Stamm Zuflucht und Geborgenheit finden?

Laß dir an meiner Gnade genügen; denn meine Kraft ist in den Schwachen mächtig. *2. Korinther 12, 9*

Herr, mein Gott,

Du mußt da
was falsch
verstanden haben.

Jahrelang habe ich Dich gebeten, genau so zu sein, wie es in Deinem Buche steht. Ich wollte sein, wie ein Baum, der an einem Wasserlauf steht.
Doch nun stehe ich in einem Wasserlauf.
Du mußt da ein Wort verwechselt haben. Wie weit willst Du die Überschwemmung noch gehen lassen?
Das Wasser steht mir jetzt schon bis zum Hals.
Oder, Herr, hältst Du mir nur so lange den Wasserspiegel vor Augen, bis ich erkenne, wie gut Du mich erschaffen hast – und ich Dir danke?

Gesegnet ist der Mann, der sich auf den Herrn verläßt und dessen Zuversicht der Herr ist. Der ist wie ein Baum, am Wasser gepflanzt, der seine Wurzeln zum Bach hin streckt. *Jeremia 17, 7–8*

Herr, mein Gott,

ich kann
ihn nur schwer
ertragen.

Er hat sich einfach bei mir festgehalten, um nicht zu fallen, und seitdem belastet er mich.
Wenn er doch wenigstens vom gleichen Holze wäre wie ich – das macht es eben für mich noch unerträglicher.
Es ist doch nicht meine Schuld, daß er gefallen ist.
Was würdest denn Du tun, Gott, wenn Dich jemand durch seine Schuld belasten würde?
Verzeih, Herr – ich verstehe – verzeih; aber bitte, hilf mir die Last zu tragen.

Einer trage des anderen Last, so werdet ihr das Gesetz Christi erfüllen.   Galater 6, 2

Herr, mein Gott,

höre mich an,

höre mir zu.

Seit Jahrzehnten träume ich davon, größer zu werden als dieser Turm. Träume davon, diese Trutzburg menschlicher Überschätzung mit meinen Zweigen zu überdecken.
Ich weiß es, viele Pflanzen haben diesen Traum.
Du brauchst uns nur mal ein gutes Jahrhundert gewähren zu lassen, wachsen zu lassen,
wie wir wollen, ohne daß die Menschen uns beschneiden, stutzen, roden.
Wir würden alle menschlichen Bauwerke, die Deine schöne Welt verschandeln, überwachsen, begrünen, mit unseren Wurzeln zersprengen. –
Doch wie ich Dich kenne, bist Du wieder nachsichtig mit ihnen.

Er läßt seine Sonne aufgehen über Böse und Gute
und läßt regnen über Gerechte und Ungerechte.
Matthäus 5, 45

Herr, mein Gott,

ich will mich nicht beklagen,
aber jeden Morgen frage ich mich,
warum gerade ich
auf diesem Eingangspfeiler zum Gutshof
wachsen muß.

Es ist mühsam für mich, aus dem Gemäuer Nahrung
zu ziehen. Und überhaupt komme ich mir hier oben
ziemlich albern vor.
Außerdem muß ich seit der Wende befürchten,
daß der Gutsbesitzer zurückkommt
und den Eingang saniert.
Herr, Gott, es ist schon ein Kreuz für mich,
dieses sinnlose Leben.
Da fällt mir ein, neulich kam ein Kind vorbei,
sah zu mir hoch und sagte zu seiner Mutter:
»Sieh mal, der Baum auf dem Pfeiler sieht aus
wie ein Kreuz auf der Kirche.«
Ist das der Sinn meines Lebens, die Menschen
an Dein Kreuz zu erinnern?

Gelobt sei der Herr täglich. Gott legt uns eine Last auf,
aber er hilft uns auch. *Psalm 68, 20*

Herr, mein Gott,

Du bist es,
der alles
erschaffen hat –
auch uns.

Du hast uns zusammengestellt, wir waren wie ein Baum, bildeten eine gemeinsame volle, geschlossene Krone.
Zusammen sind wir gewachsen all die Jahre – wir waren zusammengewachsen, unsere Wurzeln miteinander verschlungen; unsere Zweige berührten sich, wenn der Wind sie bewegte. Doch dann in der Nacht bei Sturm und Regen – der Blitz.
Du bist es doch, der alles erschaffen hat und am Leben erhält!?
Und ich soll im Frühling wieder grünen?

Der Herr ist nahe denen, die zerbrochenen Herzens sind, und hilft denen, die ein zerschlagenes Gemüt haben. *Psalm 34, 19*

Herr, mein Gott,

wie lange willst
Du es noch
mit ansehen, daß sie
sich meiner bemächtigen
am Ende meiner Tage?

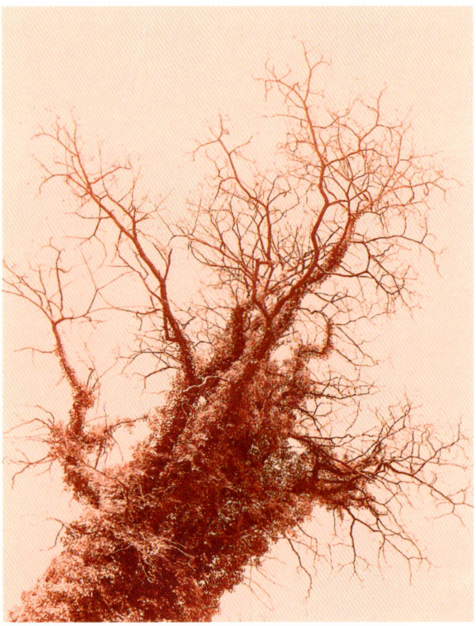

Sie umschlingen mich, daß ich zu ersticken drohe,
vielleicht werde ich auch zusammenbrechen unter der
Last. Erst waren es einige Ranken am Fuße
meines Stammes, die ich gewähren ließ.
Doch jetzt kann ich mich nicht mehr wehren,
sie haben nun den höchsten Zweig meiner Krone
erreicht.
Ich bin entstellt –
nicht mehr als Dein Baum zu erkennen.
Oder soll ich mich damit trösten, daß,
wenn meine Zweige nicht mehr grünen, ich trotzdem
ein immergrüner Baum bin?

Der Herr behüte dich vor allem Übel, er behüte deine Seele. Der Herr behüte deinen Ausgang und Eingang von nun an bis in Ewigkeit. *Psalm 121, 7–8*

Herr, mein Gott,

wir gehören
zu Dir, wir sind
Deine Geschöpfe.

Als Dein Haus, diese Kirche, erbaut wurde, sind wir gepflanzt worden, daß wir ein einladendes Spalier bilden.
Herr, wir haben uns auch bemüht, so zu wachsen, daß wir mit unseren Zweigen die Sicht auf Dein Haus nicht verdecken.
Wir sind bekümmert, daß die Wege, die vorbeiführen, öfter benutzt werden, als der Weg, der zu Deinem Haus führt.
Doch, Herr, wir gehören zu Dir, wir sind da, auch wir gehören zu Deiner Gemeinde.

Herr, ich habe lieb die Stätte deines Hauses
und den Ort, da deine Ehre wohnt. Psalm 26, 8

Herr, mein Gott,

ich danke Dir,
Du hast mein
Vertrauen belohnt.

Alle haben gesagt, als ich aufwuchs an diesem Abgrund:
Lange wird sich der nicht halten können!
Doch, Herr, das haben sie nicht geahnt –
Du bist mein Halt,
und darum habe ich meine Lebensmöglichkeit gefunden.
Zwar muß ich mich ständig bemühen,
das Gleichgewicht zu halten,
doch ich bin stolz, wenn sie nun sagen: erstaunlich,
was die Natur sich so alles einfallen läßt.

Beweise deine wunderbare Güte,
du Heiland derer, die dir vertrauen. *Psalm 17, 7*

Herr, mein Gott,

ich danke Dir,
Du hast mich reich
beschenkt in meinem
Leben.

Als stattlicher Baum konnte ich grünen, blühen und
Früchte tragen zur rechten Zeit.
Immer wieder neu habe ich gewartet, daß Du es
Frühling werden läßt.
Jetzt bin ich dankbar, daß es Winter wurde –
ich passe so besser in die Landschaft und
denke, daß ich so noch ein recht gutes Bild abgebe.
Doch gestern, Herr, kamen zwei Menschen vorbei
und sprachen davon, daß sie Brennholz brauchen.
Herr, bringe Du sie auf andere Gedanken.
Zum Beispiel, daß sie erkennen, wie selbst an
mir dürrem Baum noch deutlich wird, was Du alles
Wunderbares erschaffen kannst.

Lobe den Herrn, meine Seele, und vergiß nicht,
was er dir Gutes getan hat. *Psalm 103, 2*

Herr, mein Gott,

weil Du es so wolltest,
sind wir so geworden.

Du hast uns an diesen Ort gestellt,
hier sind wir aufgewachsen,
hier sind wir zu Hause.
Wir halten dem Wind stand, wollen nicht tauschen
gegen ein stilles Plätzchen tief im Wald –
oder gar flüchten.
Bitte, Herr, setz Dich dafür ein,
daß man uns nicht weiter als Windflüchter bezeichnet.

Der Herr gibt Gnade und Ehre.
Er wird kein Gutes mangeln lassen
den Frommen. *Psalm 84, 12*

Herr, mein Gott,

meinst Du nicht auch,
daß allzugroße Enge
aggressiv macht?

Natürlich hast Du uns Möglichkeiten eines friedlichen Zusammenlebens gezeigt, –
natürlich hast Du für ausreichend Nahrung gesorgt, –
natürlich hast Du die Insel unter Schutz stellen lassen, –
doch wo bleibt unser Recht auf ein Leben in freier Entfaltung bei dieser Enge?
Oder hat Freiheit eben doch mit der Einsicht in die Notwendigkeit zu tun?

Du tust deine Hand auf und sättigst alles, was lebt,
nach deinem Wohlgefallen.
Der Herr ist gerecht in allen seinen Wegen und
gnädig in allen seinen Werken. *Psalm 145, 16–17*

Herr, mein Gott,

wir haben uns bemüht,
über diesem Weg
mit unseren Zweigen
einen Dom zu errichten.

Wir hatten gehofft, daß die Menschen, die
vorbeikommen, innehalten, daß sie durch uns
Deine Größe und Güte erkennen.
Wir hatten uns gedacht, daß sie dann Deinen Namen
anrufen und Dich preisen.
Neulich kam einer, der nannte Deinen Namen –
aber es war nur ein Fluch, als er über den
Ast auf dem Weg stolperte.

Das ist meine Freude, daß ich mich zu Gott halte und
meine Zuversicht setze auf Gott den Herrn,
daß ich verkündige all dein Tun. Psalm 73, 28

Herr, mein Gott,

halt ein, halt ein,
mich zu erschrecken!

Du bist es, dem Wind und Wolken, Himmel und Erde gehorchen. Du brauchst mir mein Ende nicht vor Augen zu malen mit diesem Feuerschlund in den Wolken – ich weiß von meinem Ende.
Darum, weil ich von meinem Ende weiß, erlebe ich jeden Tag als Geschenk.
Oft kommen Vögel, setzen sich nieder, fliegen fort, kommen wieder; im letzten Frühling bauten sie sogar ein Nest. Schließlich bin ich weit und breit der einzige Baum dieser Größe und bin auch nützlich zur Orientierung.
Der Wind hat mir schon alle Nadeln genommen.
Aber eigentlich solltest Du mich noch eine Weile erhalten.

Wende dich, Herr, und errette mich, hilf mir
um deiner Güte willen!
Denn im Tode gedenkt man deiner nicht; wer wird
dir bei den Toten danken? Psalm 6, 5–6

Herr, mein Gott,

konntest Du uns
nicht diesen Anblick ersparen?

Immer ist er uns vor Augen,
vom ersten Lichtstrahl am frühen Morgen
und selbst in mondhellen Nächten.
Wie sollen wir froh werden im Angesicht des Todes?
Oder ist die Fülle des Lebens nur erfahrbar
im Bewußtsein der Vergänglichkeit?

Herr, lehre uns bedenken, daß wir sterben müssen,
auf daß wir klug werden. *Psalm 90, 12*

Herr, mein Gott,

ich weiß noch,
wie ich um mein
Leben bangte,

als ich noch oben am Rande wuchs, immer bemüht, senkrecht zu bleiben.
Jetzt ist die Angst vorbei, seit Du mich in dieser Stellung zwischen Leben und Tod noch ein Weilchen festhältst und mir Zeit gibst, mein Leben dankbar zu bedenken.
Nun bin ich bereit und warte, daß beim nächsten Sturm Deine Wellen mich umspülen.

Ich bin gewiß, daß weder Tod noch Leben, weder Engel noch Mächte noch Gewalten,
weder Gegenwärtiges noch Zukünftiges, weder Hohes noch Tiefes noch eine andere Kreatur uns scheiden kann von der Liebe Gottes, die in Christus Jesus ist, unserm Herrn. *Römer 8, 38–39*

Nachwort

»Herr mein Gott – Gespräche mit dem Schöpfer«

von Fritz Müller

*Pfarrer Dr. theol. h. c.
Karl Heinz Neukamm
Präsident des Diakonischen Werkes
der Evangelischen Kirche in Deutschland*

Es ist eine erfreuliche Entwicklung, daß sich die Geschöpfe Gottes wieder stärker an den Auftrag des Schöpfers erinnern, sich um gute Bäume und gute Früchte zu bemühen. Bäume sollen nicht abgehauen und ins Feuer geworfen werden, sondern Wurzeln schlagen, grüne Blätter und Früchte hervorbringen. Wer über Bäume nachsinnt, kommt auch mit dem Schöpfer ins Gespräch. Ich bin dem Autor dieses Buches sehr dankbar, daß er uns in Bildern und Texten an die Bäume erinnert. Bert Brecht hat einmal geschrieben: »Was sind das für Zeiten, wo ein Gespräch über Bäume fast ein Verbrechen ist, weil es ein Schweigen über so viele Untaten einschließt.« Im Gespräch über Bäume werden wir gefragt, wer wir sind, ein guter oder ein fauler Baum.

Paul Gerhardt bittet in seinem Lied: »Geh aus mein Herz und suche Freud« auch darum, daß wir Wurzeln schlagen und Früchte bringen: »Mach in mir deinem Geiste Raum, daß ich dir werd ein guter Baum und laß mich Wurzeln treiben.« Es ist mein Wunsch für den Autor und mit dem Autor, daß wir das Gespräch mit den Bäumen und über die Bäume immer neu beginnen. Es ist vor allem meine Hoffnung, daß der Schöpfer unseres Lebens mit uns immer neu das Gespräch beginnt, um uns zu erinnern, woher wir kommen, wozu wir da sind und was von uns erwaretet wird. Möge der Schöpfer unseres Lebens uns helfen, ein guter Baum zu werden, der seine Frucht bringt zu seiner Zeit.

Dr. theol. h. c. Karl Heinz Neukamm

Ortsangaben

Buchen, Ostseeküste, Nonnevitz/Rügen	6
Weide an der Spree bei Berkenbrück	8
Überflutete Wiesen im Oderbruch	10
Birke mit Eichenast, Darß/Ostsee	12
Buche im Schloßhof, Eisfeld/Thüringen	14
Eichensprößling, Altlandsberg bei Berlin	16
Birkenpaar bei Fürstenwalde/Spree	18
Efeuumrankter Baum im Botanischen Garten/Jena	20
Kirche in Veilsdorf/Thüringen	22
Buche am Abhang, Steilküste/Rügen	24
Baum am Straßenrand, Altlandsberg bei Berlin	26
Kiefern, Windflüchter, Darß/Ostsee	28
Insel im Miersdorfer See, Zeuthen bei Berlin	30
Wasserrinne zur Küste, Rügen/Ostsee	32
Kiefer, Ostseeküste/Darß	34
Ostseeküste Nonnevitz/Rügen	36
Ostseeküste, Darß	38

Fritz Müller

1937
in Berlin geboren. Schule. Lehre.
Facharbeiter für Elektrotechnik. Theologiestudium.
1963
Als Prediger Jugendwart in der Evangelischen Kirche in Berlin-Brandenburg.
Plakatgestaltung. Spielinszenierungen. Liedermacher.
1973
Mitarbeiter für pastorale Dienste und musische Gestaltung in den Samariteranstalten Fürstenwalde/Spree, einer diakonischen Einrichtung für geistig behinderte Menschen.
1982
Erste fotografische Arbeiten.
Ausstellungen im kirchlichen Bereich.
1986
Mitarbeiter im Diakonischen Werk Berlin-Brandenburg, Fachbereichsleiter für Theologie, Missionarisch-Diakonische Dienste.
1999
Als Pastor, Leiter der Missionarischen Dienste Schwerpunkt Brandenburg der Evangelischen Kirche in Berlin-Brandenburg.
Seit 2002
Im Ruhestand weiterhin tätig im Verein MISS-JONA-RISCH.
info@fritzmuellerberlin.de

Hergestellt ist dieser Band in der Grafischen Werkstätte, Reutlingen, einer anerkannten Werkstatt für behinderte Menschen.

Unser Anliegen ist:
Menschen, denen die Kraft zum eigenen Fortkommen fehlt, in christlicher Liebe zu begegnen und mit ihnen zusammen hochwertige Drucksachen herzustellen.

Horst König
und alle Mitarbeiter der „Grafischen"

Hergestellt in der Grafischen Werkstätte der BruderhausDiakonie/
Diakonie-Verlag
Gustav-Werner-Straße 24, 72762 Reutlingen
Fotosatz Fritz Keppler, Reutlingen
Reproduktionen Kittel System-Repro, Reutlingen
Gestaltung Fritz Keppler, Erich Stotz
4. Auflage 2007

ISBN 978-3-930061-05-1